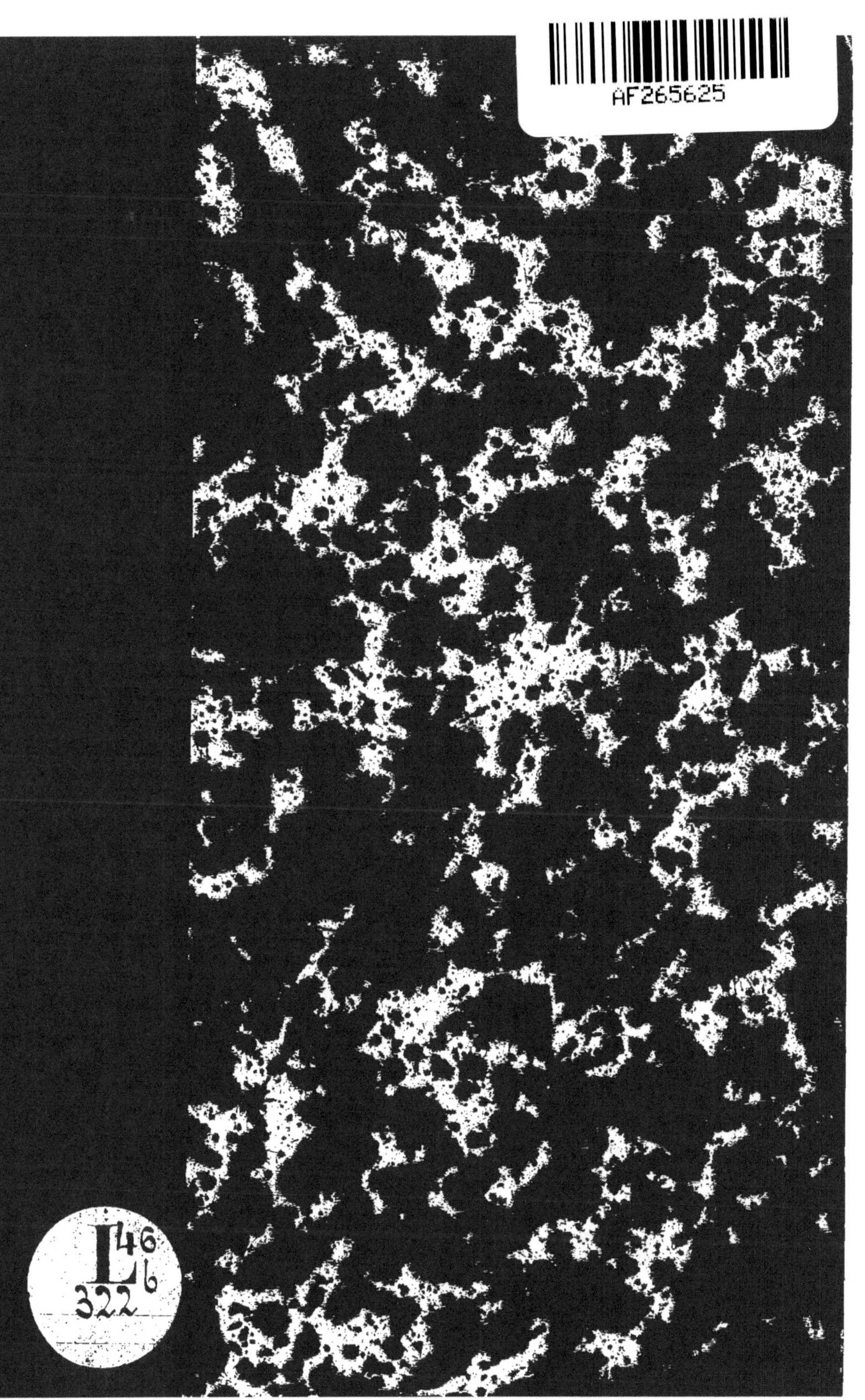
AF265625

DE LA LÉGITIMITÉ

DES GOUVERNEMENTS,

ou RÉFUTATION

DU MÉMOIRE DE M. CARNOT.

PAR J. C. M. GUICHARD,
OFFICIER DANS L'ARMÉE ROYALE DE BRETAGNE.

(MAI 1815.)

A PARIS,

L. G. MICHAUD, IMPRIMEUR DU ROI,
RUE DES BONS-ENFANTS, N°. 34.

M. DCCC. XV.

DE LA LÉGITIMITÉ

DES GOUVERNEMENTS,

ou RÉFUTATION

DU MÉMOIRE DE M. CARNOT.

Toute nation peut originairement adopter la forme de gouvernement qui lui convient le mieux.

L'acte en vertu duquel un peuple est gouverné s'appelle constitution.

Une constitution n'est légitime qu'autant qu'elle est l'expression libre de la volonté générale.

Les individus que la constitution charge du soin de la faire exécuter, composent le gouvernement.

La loi constitutionnelle est, pour les gouvernants, ce que la loi civile est pour les gouvernés ; les uns et les autres ne peuvent rien faire qui ne soit autorisé par elle.

Le gouvernement cesse donc d'être légitime du moment qu'il outrepasse les droits que la constitution lui accorde, ou qu'il s'écarte des devoirs qu'elle lui impose.

La constitution une fois établie, le peuple et son monarque n'ont pas le droit d'y ajouter, retrancher ou changer un seul article, sans un consentement mutuel.

Admettons, pour un moment, qu'un peuple ait le droit de changer sa constitution quand il lui plaît. Nous allons voir que l'anarchie, la guerre civile et l'asservissement à une puissance étrangère en seront nécessairement les résultats. En effet, comme il est dans l'homme de n'estimer que ce qu'il dit et fait lui-même, il s'ensuivra que les représentants actuels de la nation ne manqueront pas de substituer leur propre ouvrage à celui de leurs prédécesseurs. Ainsi, à chaque renouvellement de législature, on verra naître une constitution nouvelle et une nouvelle faction : car il est hors de doute que les législateurs en exercice n'auront pas d'ennemis plus irréconciliables que ceux dont ils auront si cruellement blessé l'amour-propre. Voilà donc l'état en proie aux factions et à l'anarchie. Quel autre nom donnerais-je à ce changement annuel de constitution ?

Dans cet état de choses chaque parti cherchera à gagner les troupes, afin de faire triompher sa cause. C'est déjà un bien grand malheur que d'avoir recours aux soldats pour asseoir le gouvernement. Mais que sera-ce donc si l'armée se partage ? Nous verrons alors la guerre civile éclater avec fureur ; et quand, après de nombreux combats, l'une des factions aura triomphé de toutes les autres, la nation aura enfin des lois pour la gouverner et plus d'armée pour la défendre. Que, sur ces entrefaites, un voisin puissant lui déclare la guerre, il est aisé d'en prévoir l'issue; et, à vrai dire, l'esclavage serait peut-être le seul remède à tant de maux.

Jusqu'ici j'ai considéré ce peuple individuellement. Mais si je l'examine dans ses rapports avec les autres peuples, et comme faisant partie de la grande association européenne, je cherche en vain quelle garantie il pourrait leur offrir. En effet, qui leur assurera que le traité consenti par le gouvernement de cette année sera maintenu par celui de l'an prochain? A quels dangers l'admission du principe que je combats n'exposerait-elle pas ces mêmes peuples? Quel est le souverain dont l'existence ne serait pas continuellement menacée? Ou plutôt comment l'édifice social résisterait-il à tant d'éléments de discorde et de destruction? Pour se préserver d'un tel malheur, les nations n'auraient d'autre parti à prendre que de fuir ces anarchistes comme des pestiférés, ou de les exterminer comme des bêtes féroces.

Les Romains croyaient si peu qu'il fût permis à un peuple de changer tous les ans de constitution, que, lorsque la tyrannie de Tarquin les eût mis dans la nécessité de le chasser et d'abolir la royauté, ils ne firent que transférer à leurs consuls l'autorité précédemment accordée aux rois, et n'apportèrent à la constitution de Romulus et de Servius, jusqu'à César, que de légères altérations. La chute des empires s'annonce toujours par des atteintes portées aux lois qui les régissent ; atteintes qui se renouvellent jusqu'à ce que la constitution, sapée dans ses foudements, s'écroule avec l'état auquel elle servait de bases.

Mais ce qui prouve évidemment l'inviolabilité de la constitution, c'est l'hérédité du trône consacrée par elle. Car, comment concilier le droit de changer la constitution avec celui de succession à la couronne ? Si l'on admettait le premier comme incontestable, il faudrait nécessairement regarder le second comme un mot vide de sens, et rayer du Dictionnaire ces expressions : royaume héréditaire, trône héréditaire, couronne héréditaire, pairie héréditaire, etc.

Ainsi, me diront des gens de mauvaise foi, ou des ignorants, vous déclarez les peuples la propriété des rois. Cela serait vrai s'il n'existait pas d'acte constitutionnel qui déterminât les conditions auxquelles l'un s'engage à gouverner et l'autre à être gouverné. Mais il est tellement faux qu'un monarque puisse être regardé comme le maître absolu de son peuple, qu'il ne peut ni le vendre, ni l'échanger, ni disposer de la vie, de la fortune ou de la liberté d'un seul de ses sujets, que conformément aux lois de l'état. La constitution de 1791 déterminait même plusieurs cas où le prince pouvait être contraint d'abdiquer : or, il implique contradictoirement qu'un maître soit justiciable de son esclave. Un roi n'est donc point le propriétaire de ses sujets, comme un berger l'est de son troupeau. Une nation est, vis-à-vis de son souverain, ce qu'est tout individu qui contracte avec un autre à de certaines conditions. Dira-t-on que des troupes étrangères au service d'une puissance, soient la propriété de cette dernière ? Dira-t-on qu'une armée soit la propriété de son général, ou qu'un peuple appartienne à son roi ? Non ; parce que le mot de *propriété* exclut toute idée de dépendance et de conditions.

Ces principes incontestables une fois posés, examinons maintenant si l'assemblée nationale, ainsi que celles qui l'ont suivie, ont été légitimement instituées ; si Louis XVI a été justement condamné à mort ; si ses héritiers peuvent être privés de leurs droits à la couronne ; enfin, si Buonaparte a jamais eu le caractère d'un souverain légitime.

En remontant à l'origine des nations, nous les voyons toutes se choisir un chef qu'elles investissent d'abord d'un pouvoir absolu. Bientôt l'abus de ce pouvoir et le progrès des lumières modifient, restreignent peu à peu l'autorité du chef de l'Etat ; un certain ordre de choses s'établit, et l'habitude et la coutume dirigent la conduite des peuples et des rois.

Tel était l'état de la France en 1789. Tout-à-coup elle prend une face nouvelle ; les États-Généraux convoqués par le roi, après s'être constitués en assemblée nationale, détruisent les anciens abus et rédigent une constitution que le roi accepte le 14 septembre 1791 (1). Dès-lors un pacte sacré, inviolable, existe entre le peuple et le souverain; ce n'est plus l'aveugle coutume qui détermine les droits de l'un et de l'autre, c'est l'équité, la raison et la justice; ce sont des lois écrites qu'aucun d'eux ne peut enfreindre sans se rendre coupable du plus grand des crimes.

L'assemblée législative perdit son caractère de légitimité, du moment qu'au mépris de la constitution, elle se fût emparée de tous les pouvoirs : et par quels moyens encore ! en stipendiant la plus vile canaille ; en l'égarant par d'infâmes calomnies ;

______

(1) Un grand nombre de personnes contesteront la légitimité de la charte soumise à l'acceptation de Louis XVI.

1°. Parce que le Roi n'avait point participé à sa rédaction ;

2°. Parce que les représentants du peuple, ayant outrepassé leurs pouvoirs, et n'ayant point suivi les instructions renfermées dans les cahiers de leurs commettants, avaient, dès ce moment, pu être considérés comme des factieux ;

3°. Parce que le Roi n'avait point été libre d'accepter ou de rejeter ladite constitution.

De quelque manière que la postérité décide cette question, mon but étant surtout de prouver l'illégitimité de toutes les soi-disant législatures qui ont succédé à l'assemblée constituante ; si j'ai regardé la constitution de cette dernière comme légitime, c'est afin de faire mieux sentir combien celles qui l'ont suivie l'étaient peu.

en dirigeant ses poignards contre le petit nombre d'hommes vertueux qu'elle renfermait dans son sein. Qui doutera qu'elle ne fût l'instigatrice de la journée du 20 juin 1792, et qu'il ne tînt pas à elle que le roi n'y fût assassiné ? Et une pareille assemblée pourrait être regardée comme légitime ? Et la populace des faubourgs Saint-Antoine et Saint-Marceau aurait été l'interprète de la volonté nationale ? Non. La nation entière vous désavoue ; elle ne voit en vous et vos adhérents, que des factieux et leurs satellites. Et de quel droit, législateurs de 92, auriez-vous méconnu la constitution de 91 ? vous qui n'aviez de caractère légal que par elle ; vous qui n'étiez rien sans elle ; vous enfin, dont tous les actes ne pouvaient être légitimés que par elle. Aussitôt que vous eûtes substitué la force à la loi, vous ne fûtes plus que de vils brigands, d'infâmes parjures, qui trahissiez également la nation et le monarque.

Aux scélérats de 1792 succèdent les cannibales de 1793. C'est alors qu'une troupe de tigres à figure humaine, connus sous le nom de *Jacobins*, s'empara des rênes de l'état. Ces monstres, en même temps accusateurs, témoins, juges et bourreaux, ces monstres, dont la postérité ne prononcera les noms qu'avec horreur, font conduire à l'échafaud le vertueux et infortuné Louis XVI. Louis XVI, dont l'art. 2 de la constitution déclarait la personne inviolable et sacrée ; Louis XVI qui, d'après l'art. 8, ne pouvait être accusé et jugé que pour les actes postérieurs à son abdication ; Louis XVI, auquel on ne reproche d'autres crimes que ses vertus ; Louis XVI enfin , le plus juste et le meilleur des rois. Cet assassinat n'est que le prélude de celui du Dauphin, de la Reine et de madame Elisabeth. Bientôt la France est transformée en une immense boucherie. Des guillotines ambulantes la parcourent en tous sens, et les cadavres d'un million de Français servent de bases à l'édifice de la liberté. Les droits et les devoirs les plus saints sont méconnus. L'athéisme est proclamé ; le fils dénonce son père, le père assassine son fils ; des mères, disons des furies, se repaissent avec joie de la chair de leurs enfants morts pour la cause royale ; tout fait craindre que les Français ne soient bientôt plus qu'un peuple d'antropophages. Cependant, nous ne sommes pas encore au terme de nos maux. Roberspierre monte sur la scène ; les ruisseaux de sang se changent en rivières ; la terre n'est plus assez vaste pour receler dans son sein les innombrables victimes qu'il immole chaque jour. A tant de calamités se joignent la peste et la famine ; aussi la Mort, accablée de fatigues, se plaint, pour la première fois, de ne pouvoir suffire à son ministère.

Avant de prouver l'illégitimité de cette prétendue législature, écoutons M. Carnot se justifier de l'assassinat de Louis XVI. « Comme juges constitués » par la nation, dit-il, les représentants de 93 ne » doivent compte à personne de leur jugement. »

M. Carnot devrait au moins en excepter la nation.
Si d'ailleurs ils se croyaient bien les interprètes
de la volonté nationale , pourquoi rejetèrent-ils
l'appel au peuple ? Il ajoute : que « s'ils se sont
» trompés, ils sont dans le même cas que les autres
» juges qui se trompent. » Qui voudra croire qu'un
homme aussi éclairé que M. Carnot, ait pu com-
mettre involontairement une erreur si coupable !
Car, les articles 2 et 8 de la constitution n'eussent-
ils pas existé, la loi pouvait-elle , pour le seul
Louis XVI, avoir un effet rétroactif ? Et la conscience de ses juges ne leur criait-elle pas que ce
serait le comble de l'iniquité que Louis XVI, devenu
simple citoyen , fût comptable des actions de
Louis XVI roi de France. Il avoue , plus bas,
« qu'ils y ont été déterminés par la crainte. »
Qu'on soit assassin par principe, encore passe ;
mais par lâcheté, c'est un crime qui n'a pas de
nom.

M. Carnot , dont la maxime favorite est que
la force légitime tout , essaie ensuite de nous
prouver que, suivant les circonstances , le même
fait est tantôt un crime et tantôt un acte d'héroïsme.
Ainsi, d'après lui, Catilina, qui fut un assemblage
de tous les vices, et le plus grand scélérat de son
siècle, eût été un héros s'il eût asservi la république.
J'en demande pardon à M. Carnot, mais cette opi-
nion-là ne me paraît guère républicaine. Il conti-
nue : « La protection de Cromwell fut recherchée

» par tous les souverains ; après sa mort il fut mis
» au gibet. » Cela prouve que la force peut, mo-
mentanément, donner une apparence de droit à
l'usurpateur ; mais qu'enfin le moment de la justice arrive, et que ce qui était crime il y a vingt
ans, l'est encore aujourd'hui. Buonaparte est abso-
lument dans le même cas que Cromwell.

Quand M. Carnot nous fait part de l'opinion de
Caton et de Cicéron sur le compte des rois, pré-
tendrait-il s'assimiler, lui et sa secte, à ces deux
Romains ? c'est ici le cas de lui prouver que le
même fait peut être juste ou injuste, suivant la di-
versité des temps, des lieux et des choses. Autrefois, par exemple, on croyait, en France, com-
mettre l'action la plus juste et la plus agréable à
la divinité, en livrant aux flammes des malheureux
accusés d'hérésie ; aujourd'hui un *auto-da-fé* serait
regardé comme l'action la plus coupable et la plus
injuste. C'est un acte de religion et de piété filiale
chez les Iroquois, qu'un fils ôte la vie à son père
devenu vieux et infirme ; en France une pareille
action serait punie de mort. Dans une république
la mort du tyran est une action non seulement légitime, mais digne des plus grands éloges. Dans une
monarchie l'assassinat du roi est l'action la plus
coupable et digne des plus grands supplices. Ainsi
Caton, né au sein d'une république, déclama avec
raison contre les rois, et il prouva, par sa mort,
que ses actions étaient d'accord avec ses principes.

Voyons comment ses prétendus disciples ont pratiqué ses préceptes. Caton expira avec la république, M. Carnot et compagnie se portent à merveille, quoique la leur soit morte depuis long-temps. Vie déshonorée, disent-ils, vaut encore mieux que mort illustre. Cependant, ces vrais républicains avaient pour devise : *Liberté, égalité ou la mort.* Sans doute, aussi est-ce par amour pour la liberté qu'ils ont fait guillotiner le meilleur des Rois, et c'est encore par amour pour la liberté que, le 11 floréal an 12, ils élevèrent Buonaparte à l'empire. C'est par amour pour l'égalité qu'ils ont fait conduire à l'échafaud, des milliers de nobles accusés d'avoir été trop jaloux de leurs titres; c'est aussi par amour pour l'égalité qu'ils sont devenus barons, comtes, ducs et princes. Ils préféraient autrefois la mort à l'esclavage, ils préfèrent aujourd'hui l'esclavage à la mort. Et voilà les hommes qui se disent républicains ! Mais laissons M. Carnot leur donner leur véritable qualification : « De toutes les constitutions » qui ont été successivement éprouvées sans succès, » il n'en est aucune qui ne soit née au sein des fac- » tions. (1). » Concluons : donc ceux qui les ont

---

(1) Discours prononcé par le citoyen Carnot, dans la séance extraordinaire du tribunat, du 11 floréal an 12.

Voici comment l'orateur s'exprime dans un autre passage du même discours : « Je déclare donc que tout en votant contre le rétablisse- » ment de la monarchie, du moment qu'un nouvel ordre de chose sera

faites sont des factieux. Ajoutons quelques réflexions à celle de M. Carnot.

Un des grands moyens qu'employa l'assemblée legislative pour s'emparer de tous les pouvoirs, fut la protection qu'elle accorda à ces réunions jacobiniques, connues sous le nom de clubs. Ligue monstrueuse des vices contre la vertu ; des scélérats contre les gens de biens. Dès ce moment la monarchie fut perdue ; la liberté fit place à la licence ; la terreur et la force succédèrent à la loi ; en un mot, nous n'eûmes plus en France ni gouvernement ni constitution. Et c'est probablement ce qui fait dire à M. Carnot que « la révolution française a été un « despotisme continuel. »

Quand j'admettrais qu'un peuple ait le droit de changer sa constitution toutes les fois que l'envie lui en prend ; quand il ne serait pas prouvé que les citoyens vertueux ne participaient plus aux élections des représentants ; quand ces derniers seraient

____

» établi, qu'il aura reçu l'assentiment du plus grand nombre, je serai
» le premier à y conformer toutes mes actions, et à donner à l'autorité
» suprême toutes les marques de déférence que commande la hiérar-
» chie constitutionnelle. » Ou, en d'autres termes : « Je suis républi-
» cain ; j'ai, par amour pour la république, assassiné mon roi légitime ;
» mais si le plus grand nombre, ou, ce qui est la même chose, le
» parti le plus fort veut le rétablissement de la monarchie, je suis prêt
» à donner au tyran toutes les marques de déférence que commande
» la hiérarchie constitutionnelle. » Je doute fort que Caton avoue jamais M. Carnot pour un de ses disciples.

considérés comme élus par la nation et non par les jacobins, il faudrait encore, pour nous prouver sa légitimité, que la convention, dite nationale, nous exhibât des ordres de ses commettants ainsi conçus: Vous abolirez la constitution de 1791 et la royauté, vous jugerez Louis XVI d'après votre conscience et sans rappel ; s'il est coupable, vous déterminerez la peine à laquelle il doit être condamné. Mais si rien de tout cela n'a existé, comment appellerez-vous ceux qui se sont attribué de pareils pouvoirs? Des factieux? Non. Des assassins? Non. Des régicides? Encore mieux que cela, des jacobins (1). »

Depuis cette époque jusqu'à la chute de Buonaparte, la nation Française a gémi sous le joug de cette même faction ; ne sont-ce pas, en effet, les Marat, les Cambacérès, les Carnot, les Roberspierre, les Couthon, les Regnault, les Réal, les Defermon, les Barrère, les Merlin, que nous avons vus successivement membres du comité de salut public, membres du conseil des anciens, directeurs, consuls, et enfin, princes et ministres sous le règne de l'usurpateur? Ne sont-ce pas eux qui, pour attacher irrévocablement Buonaparte à leur parti, le poussèrent à l'assassinat du duc d'Enghien, afin que leur crime étant le même, leur cause le devînt

______

(1) Ce mot renferme en lui seul les significations diverses de *parjure, impie, sacrilége, athée, buveur de sang, assassin, parricide, contempteur des dieux et des hommes.*

aussi ? Ne sont-ce pas eux encore qui, dans cette courte résurrection de l'empire, occupent les premières places de l'Etat. Ainsi, partant du principe que ce qui est illégal ne peut rien produire de légal, je conclus que, de toutes les formes sous lesquelles la faction des jacobins s'est reproduite, il n'en est jamais résulté ni gouvernement, ni constitution légitime (1).

Après avoir prouvé jusqu'à l'évidence, que Louis XVI a été renversé du trône par les jacobins ; que cette faction puissante en a constamment écarté ses héritiers, j'ajouterai que ceux-ci, d'après l'art. 1er (chapitre de la royauté) de la constitution de 1791, n'ont jamais pu être privés de leurs droits ; que c'est en vertu de ces mêmes droits, et non avec l'autorisation du sénat, que Louis XVIII est remonté sur le trône de ses pères : événement dont

----

(1) Cette réunion de jacobins qui va composer les deux chambres pourrait-elle de bonne foi se croire légitimement instituée ? Je citerais, si quelqu'un en doutait encore, des membres de la plupart des colléges électoraux, qui m'ont assuré que les sept huitièmes d'entre eux ayant refusé le serment de fidélité à Buonaparte et aux constitutions de l'empire, n'avaient point participé aux élections. Que ces messieurs s'intitulent, après cela, les organes de la volonté du peuple.

Un sans-culotte me disait dernièrement, au sujet du peuple, que c'était un fameux *couvre-sottises*. « Oui, lui répondis-je ; mais vous » en avez fait un si fréquent usage, que ce n'est plus aujourd'hui qu'un » crible, au travers duquel on aperçoit facilement le joueur de marion- » nettes. »

toute la France témoigna sa joie à ce bon prince par mille et mille adresses de félicitations.

Recherchons maintenant les causes de la révolution qui vient de s'opérer. Examinons si celles que lui attribuent les jacobins et les buonapartistes ont quelques fondements, ou sont dénués de vraisemblance. M. Carnot reproche d'abord au Roi de France d'avoir porté atteinte aux droits du peuple en déclarant que la couronne est *l'héritage de ses pères*. Il ajoute : « Alors nos cœurs se sont resserrés, » ils se sont tus. Cependant nous n'avions pas calculé » nos sacrifices pour recouvrer le fils de Louis IX » et de Henri IV ; nous lui avions applani le che- » min du trône ». Ne dirait-on pas que ce sont les jacobins qui ont rappelé Louis XVIII ? Oui , M. Carnot, vos cœurs se sont tus , se sont resserrés , se sont crispés, même à la vue de cette Tête auguste qui vous rappelait l'assassinat du vertueux Louis XVI et de son infortunée famille. Mais nos cœurs à nous, les cœurs de tous les honnêtes gens, se sont livrés à la joie la plus pure en revoyant le prince qui n'a jamais cessé d'être leur Souverain légitime.

M. Carnot reproche au Roi de France d'avoir remercié le Prince Régent des services qu'il lui avait rendus. Depuis quand fait-on un crime de la reconnaissance ? Il est bien flatteur pour Louis-le-Désiré, que ce soit le seul qu'on ait à lui reprocher. « Vous » avez , contre votre promesse royale , privé de » leurs emplois ceux qu'avait pu égarer un amour

» excessif de la liberté. » Non, M. Carnot, ce n'est point Louis XVIII, c'est la nation entière qui a provoqué leur destitution. C'est nous, les gens de bien, qui, pénétrés de la plus vive indignation, n'avons pu nous figurer sans horreur, le Roi de France entouré d'hommes encore tout couverts du sang de son frère. C'est nous qui, épouvantés de votre audace, avons voulu qu'il mît des bornes à sa clémence. Et n'était-ce pas assez qu'il vous eût pardonné ?

« Louis XVIII a violé l'art. 8 de la Charte cons-« titutionnelle. » Avant de prouver la fausseté de cette inculpation, je demande à M. Carnot s'il reconnaît la légitimité de la charte constitutionnelle ? Et pourquoi, dans ce cas, l'hérédité y étant consacrée, Monsieur, comte d'Artois, n'a-t il pas succédé à son frère, qui, d'après lui, aurait encouru la déchéance ? Si, au contraire, il la regarde comme illégitime, comment pourrait-il en argumenter contre le Roi de France ? La liberté de la presse a été restreinte et non abolie. Le Mémoire de M. Carnot en fournit la meilleure preuve. Eût-il jamais osé écrire sous l'usurpateur, ce qu'il a publié sous le souverain légitime ? D'ailleurs, la loi qui détermine l'étendue et les limites de la liberté d'écrire, n'émane-t-elle pas du corps législatif ? Et s'il est un coupable, n'est-ce pas ce dernier ?

« Tous les actes du Gouvernement tendaient à « l'extinction des lumières, au rétablissement des

» dîmes, des droits féodaux et du despotisme sacer-
» dotal. » Il est bien aisé d'avancer des faits ; mais,
quand ils sont dénués de preuves, je crois que cela
s'appelle de la calomnie. C'est une arme dont les
jacobins se servent avec une dextérité admirable,
et dont ils font souvent usage. Il y a long-temps,
que les lumières commencent à s'éteindre en France,
et le règne des sans-culottes les a fait rétrograder
de plus de trois siècles. Nos pères n'étaient barbares
que de nom, mais nous l'avons été dans toute la
force du terme.

Les jacobins appellent, sans doute, le despotisme
des prêtres, l'Ordonnance du Roi qui enjoint aux
marchands, boutiquiers, cabaretiers, de fermer
le dimanche. Pourquoi ces messieurs qui, assu-
rément, n'accuseront pas les Anglais de bigo-
tisme, désapprouvent - ils en France un acte re-
ligieux qui s'observe en Angleterre avec la dernière rigueur. Ils oublient, sans doute, qu'en l'an 6
et l'an 7, ils emprisonnaient et condamnaient à des
amendes considérables, ceux dont les boutiques
étaient ouvertes le décadi. Cependant, les jacobins
ne se piquent pas plus de religion que de morale.

Quant à ce qu'ils disent du rétablissement des
dîmes et des droits féodaux, on est dispensé de ré-
futer ce qui est sans preuve.

« Louis XVIII voulait annihiler les ventes de domaines nationaux. » C'est avec ces perfides paroles
que les jacobins et les bonapartistes sont parvenus

à jeter l'alarme parmi les acquéreurs de ces biens. Pour atteindre à ce but il n'est pas de mensonges qu'ils n'aient inventés, pas de moyens qu'ils n'aient mis en usage. Les propos inconsidérés de quelques individus, quelques écrits plus inconsidérés encore auraient pu faire soupçonner la bonne foi du Gouvernement, s'il ne se fût empressé d'en punir les auteurs. Dira-t-on que la censure ait arrêté les réfutations qui en ont été faites ? Certains nobles, dites-vous, se sont portés à des violences contre les acquéreurs de leurs domaines. Pourquoi les gens lésés n'en ont-ils pas porté plainte devant les tribunaux ? Et s'ils l'ont fait, qu'on me cite un seul juge, dans toute la France, qui se soit refusé à connaître d'une pareille affaire.

M. Carnot, qui sent combien sa cause est mauvaise, cherche à y rattacher celle de la nation et de l'armée. Il accuse sans cesse le gouvernement d'avoir porté atteinte à la gloire de cette dernière. Et comment cela, M. Carnot ? Est-ce le roi de France qui avait laissé pénétrer 200,000 hommes au sein de sa capitale ? Cette Belgique, « qu'un trait de plume a » suffi pour nous faire quitter, et que toutes les forces » de l'Europe n'auraient pu nous arracher en dix » ans, » n'était-elle pas au pouvoir des alliés avant le retour de Louis XVIII ? Ce traité de Paris, consenti avec des souverains maîtres des trois quarts de la France, était-ce Buonaparte ou Louis XVIII qui nous avait mis dans la nécessité d'y accéder ? Cependant vous trouvez déshonorant pour la nation que le roi de France, alors sans armée, sans argent, sans munitions, ait accepté des conditions auxquelles Buonaparte, quoiqu'à la tête de 400,000 hommes, consent de souscrire aujourd'hui. Il faut l'avouer, on ne pousse pas plus loin l'impudence et la mauvaise foi. C'est ici le cas d'établir une distinction réelle entre la vraie et la fausse gloire. J'appelle vraie gloire celle qui résulte d'une action peu commune, juste et utile ; et fausse gloire celle qui résulte d'une action extraordinaire, mais dépourvue des deux autres qualités. En conséquence, je dirai qu'Alexandre, Tamerlan, César, Gengiskan, Atila, Buonaparte, se sont acquis une fausse gloire colossale, et que Miltiade, Thémistocle, Cincinnatus, Wasingthon, Henri IV, seront éternellement l'objet de l'amour et de l'admiration des peuples. M. Carnot paraîtrait partager mon opinion sur la gloire, quand il dit en parlant de Buonaparte : « La France lui aurait même » confirmé le nom de grand, que ses flatteurs s'é— » taient trop pressés de lui donner, sans la *dé- loyauté* et *l'extravagance* de ses dernières expé- » ditions. » Cependant, ô comble de contradictions ! l'auteur de ces paroles est aujourd'hui l'un des premiers ministres de cet usurpateur *déloyal* et *extra- vagant.*

Le Mémoire de M. Carnot se termine ainsi : « Louis XVIII n'attaque d'abord que ceux qui ont » condamné son frère à la peine capitale ; mais après

» qu'on s'en sera défait , viendront les acquéreurs
» de domaines nationaux , les nobles non-émigrés,
» et enfin les défenseurs de la patrie. » M. Carnot
n'était sûrement pas dans un de ses moments lucides,
lorsqu'il a écrit de pareilles niaiseries : a-t-on jamais
entendu dire qu'un roi ait fait guillotiner son armée?
et par qui ? voilà pourtant où conduit la passion ! Je
crois néanmoins que M. Carnot avait un but en s'ex-
primant de cette manière ; il n'ignorait pas qu'il disait une grosse sottise ; mais encore plus confiant
dans l'imbécillité de ses lecteurs , il savait par-là
réunir à sa cause tous ceux qui seraient assez sots
pour se laisser prendre à ses discours.

Puisqu'il ne nous reste aucun doute sur la fausseté des griefs reprochés à Louis XVIII , faisons
connaître maintenant les véritables motifs de la conduite qu'ont tenue les jacobins et les buonapartistes
dans ces dernières circonstances. Les premiers, peu
confiants dans les garanties que leur offrait la Charte
constitutionnelle , humiliés du pardon généreux
que leur avait accordé le plus magnanime des
princes, poursuivis sans cesse par l'ombre ensan-
glantée du vertueux Louis XVI, importuné de la
vue d'un monarque qui leur rappelait à toute heure
l'énormité de leur crime, les jacobins, dis-je , soupiraient après le retour du roi de leur fabrique. Quelques centaines d'officiers, que par respect pour leurs
soldats, je ne veux pas appeler des chefs de brigands , soupiraient également après le retour de

Buonaparte ; dignes élèves de leur maître, ils joignent au parjure, l'astuce, la perfidie et l'audace. Pour accroître le nombre de leurs partisans, ils mettent tout en œuvre, ils n'entretiennent les soldats que de Buonaparte ; ils le peignent comme le seul chef digne de les commander ; le seul qui les comblât d'honneur, de titres et de pensions ; le seul enfin sous qui, avec de la bravoure et peu ou point d'instruction, l'on pût parvenir au grade le plus élevé, comme les Ney, les Davoust, les Jérome et les Murat ; ils répandent en même temps dans l'armée les bruits les plus injurieux contre les Bourbons ; ils leur supposent tous les vices dont ils sont eux-mêmes infectés. A les entendre, nos princes n'ont ni talent, ni courage ; il méprisent les braves, et s'enivrent depuis le matin jusqu'au soir. Ces discours, joints à l'influence qu'exerce naturellement un chef sur ceux auxquels il commande, les largesses, les déférences dont ils sont accompagnés, tout concourt à fomenter parmi les troupes un esprit d'insurrection qui n'attend pour éclater qu'un occasion favorable. Les jacobins de leur côté ne négligent aucun moyen pour égarer l'opinion publique ; pamphlets écrits par eux et contre eux ; pamphlets contre les nobles et les prêtres ; pamphlets contre le Roi et la famille royale ; pamphlets contre les acquéreurs de biens nationaux, dont en particulier ils ne cessent d'accroître les alarmes ; ils répandent parmi le peuple des villes, et surtout celui des campagnes, l'annonce du rétablissement prochain des dîmes, des droits féodaux, de l'inquisition et de l'anéantissement des lumières et des idées libérales. C'est par de semblables calomnies, c'est en imputant au Roi et à sa famille des intentions qu'ils n'ont jamais eues, et des vices dont ils ignorent jusqu'au nom, que ces infâmes buveurs de sang étaient parvenus à égarer l'opinion de la partie la moins pensante de la nation.

Quand les jacobins et les buonapartistes crurent avoir amené les choses au point qu'ils le désiraient, alors parut l'homme incomparable que recelaient depuis un an les rochers de l'île d'Elbe. Comme on prétend qu'il a changé de nature, beaucoup de gens seront bien aises de savoir ce qu'il est aujourd'hui, afin de mieux juger de sa métamorphose : Son nom est Nicolas, sa taille 5 pieds 2 pouces, son teint livide, ses yeux hagards, son regard farouche. Le sourire de l'hypocrisie siége sur ses lèvres. Son cœur renferme toutes les passions, excepté celles qui honorent l'homme. Il est fourbe par essence ; cruel avec lâcheté. Il croit à la magie et aux sorciers. Il va à la messe et ne croit point à Dieu. Il est vindicatif et ne pardonne que par nécessité. Il aime les femmes avec fureur, mais sans les estimer. Les droits du sang ne sont rien pour lui, ses sœurs mêmes n'ont pu échapper à sa lubricité. Personne n'est plus expert que lui dans l'art du charlatanisme. Dans un siècle moins

éclairé que le nôtre , il eût voulu être prophête;
à défaut de cela il s'est fait conquérant. Pour en-
tasser des pierres les unes sur les autres , il accable
le peuple d'impôts. Sa maxime favorite est que :
plus la nation est pauvre, plus elle est facile à gouverner; aussi a-t-il détruit le commerce, seule source
des richesses dans un grand état. Il n'aime des arts
que la célébrité qu'ils lui procurent. Il est insatiable
de renommée , qu'il appelle la gloire. Chez lui la
soif du sang est inextinguible. Il est tellement affa-
mé de chair humaine , qu'il dévore jusqu'à 2000
hommes par jour ; et voilà le héros que rappellent
tous les Français ? Voilà celui au-devant duquel
volent tous les cœurs ! Celui dont la candeur et la
bonté désarment tous les bras ! Celui qui n'a pas
cessé d'être notre souverain légitime. O mes con-
citoyens! hâtons-nous de rétracter de pareils blas-
phêmes ! Que ce langage soit celui des jacobins et
des bonapartistes. Mais nous , les gens de bien ,
les vrais Français, disons à tout l'Univers que la
force seule avait placé Buonaparte sur le trône de
France , et que c'est elle qui vient de l'y replacer
encore. Disons que la majeure partie de l'armée,
en suivant l'impulsion que lui donnèrent ses chefs,
n'est pas plus coupable de cette trahison que les
Français ne sont coupables des massacres des 2 et 3
septembre, des guillotinades, des noyades , des fu-
sillades , exécutées par les Carrier , les Carnot , les
Cambacérès , les Merlin , les Roberspierre, etc., etc.

Si cependant il était encore quelques hommes assez stupides ou assez prévenus, pour hésiter dans le choix du chef qui doit nous gouverner, qu'ils comparent la conduite du Roi de France à celle de de l'usurpateur et de ses acolytes.

Qu'ont fait les jacobins ?

Tous les crimes.

Qu'a fait Buonaparte ?

Il a mitraillé les Parisiens le 13 vendémiaire.

Il a fait empoisonner ses soldats en Egypte.

Il a fait assassiner le général Kléber.

Il n'a pas pu faire assassiner Moreau.

Il a fait assassiner Pichegru.

Il a assassiné le duc d'Enghien.

Il a fait assassiner le général Kénel.

Il a détrôné Charles IV, son plus fidèle allié.

Pour récompenser le pape de ses services, il l'a traîné pendant plusieurs années de cachots en cachots.

Il a fait jeter dans le Danube tous les Français blessés à l'affaire d'Esling, afin d'accélérer sa fuite et de cacher ses pertes à l'ennemi.

Il a abandonné ses armées en Egypte, à Moscou, à Leipsik, etc., etc.

Il a fait périr cinq millions de Français.

Il a forcé les Russes à brûler Moscou.

Il eût brûlé Paris sans ses maréchaux.

Qu'a fait Louis XVIII... ?

Il a donné la paix à la France.

Il l'a conservée telle qu'elle était en 1789.

Il nous a rendu nos colonies.

Il nous a donné une constitution libérale.

Il a fait refleurir notre commerce.

Il a aboli la conscription.

Il a rendu la liberté à 200,000 Français.

Il a pardonné aux généraux Excelmans, d'Erlon, Lallemand, Lefèvre-Desnoettes qui l'avaient trahi.

Il a pardonné aux assassins de son frère.

Il a voulu rétablir la religion et les bonnes mœurs.

Qui de nous, après un semblable parallèle, pourrait douter encore du parti qu'il doit suivre, de la cause pour laquelle il doit vaincre ou mourir ? Ce n'est qu'en nous pressant autour de notre bien-aimé Roi, que nous nous justifierons aux yeux de l'Europe, des crimes de notre révolution. Pour les Français l'honneur est sous la bannière des lis, il n'est que là ! hâtons-nous donc de nous y rallier, et que notre cri de guerre soit : *Dieu, la patrie et le Roi.*

FIN.

I

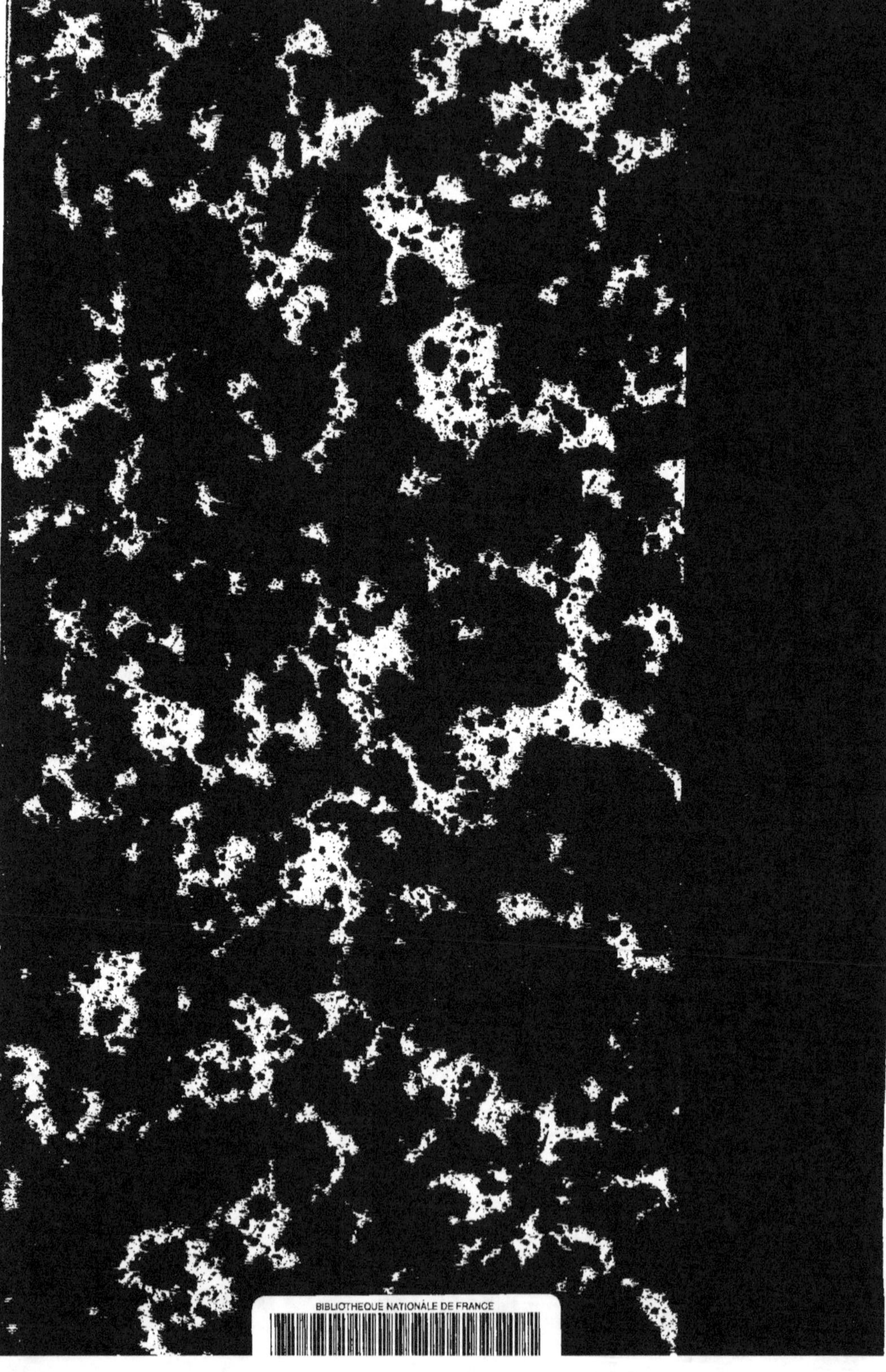

www.ingramcontent.com/pod-product-compliance
Lightning Source LLC
Chambersburg PA
CBHW061643050726
47598CB00004B/1441